m 695

NOTICE HISTORIQUE
ET GÉNÉALOGIQUE
Concernant une

ANCIENNE FAMILLE

DE LANGUEDOC

VÉRIFIÉE

Par Charles NICOLAS, Généalogiste,

Ancien Élève de l'Ecole des Chartes, ancien employé des Contributions indirectes.

ET

URAIN LUCAS,

ARCHIVISTE, GÉNÉALOGISTE, COLLABORATEUR DE M. LETELLIER D'IRVILLE.

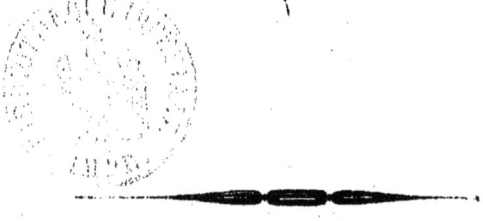

PARIS
IMPRIMERIE DE BLONDEAU, RUE DU PETIT-CARREAU, 26.

1853.

NOTICE

GÉNÉALOGIQUE ET EXPLICATIVE

SUR QUELQUES PASSAGES CONTENUS

Soit dans l'ouvrage en quatre volumes, intitulé : *Les Hérétiques de Monségur* ou *les Proscrits du XIIIe siècle*, publié en 1827, par M. COTTIN,

Soit dans les 2e, 3e et 5e volumes de l'*Histoire du Languedoc*, par don VIC et don VAISSETTE

Accompagnée de Documents historiques

CONCERNANT

UNE ANCIENNE FAMILLE DU LANGUEDOC.

INTRODUCTION.

Voici du livre de M. Cottin, le premier de ces passages, tome Ier, page 258 :

« La souveraineté de Montpellier faisait alors (1243) partie des
« domaines du roi Jacques d'Aragon ; la reine Yolande, sa femme,
« venait d'accoucher dans cette ville de l'enfant Jacques, qui fut
« depuis roi de Mayorque, et des fêtes somptueuses se préparaient
« pour célébrer la naissance du royal enfant. On connaît la passion
« des chevaliers aragonais pour les joûtes, les tournois et les
« exercices guerriers, leur valeur n'était pas moins célèbre dans
« toute l'Europe que leur galanterie, et l'on sait que les lices, tou-
« jours ouvertes sur les frontières, semblaient appeler les braves
« de toute l'Europe à venir se mesurer avec eux. » (Voyez la Colombière.)

Deuxième passage, tome Ier, pages 146, 294, 296, 362; tome II, pages 92 et 330; tome III, pages 42 et 161 :

« Alix et Blanche, sa sœur, paraissaient pour la première fois
« dans le monde ; les deux filles de Géraud de Niort (1) portaient
« un nom trop célèbre pour ne pas être accueillies avec distinc-
« tion par le roi ; elles furent présentées à la reine et en reçurent
« les plus touchantes marques d'intérêt. Elles n'auraient pas eu
« besoin d'être belles pour attirer les regards, réunissant ce qui
« peut le plus intéresser et toucher : le malheur et la beauté.

(1) *Histoire de Languedoc*, tome III, page 422, d'Aniort ou de Niort.

« D'ailleurs Sancie, leur mère, d'une des plus grandes familles de
« l'Aragon, était alliée à tout ce que Montpellier renfermait alors
« de plus illustre, et, sans l'absence du comte Nugnes, son frère,
« l'un des plus considérables seigneurs de la cour du roi Jacques,
« la tutelle d'Alix et de Blanche n'eût pas été confiée à Foulques,
« seigneur de Durfort (1), aussi leur proche parent, et gouverneur
« du château de Dourne... Ermessinde, en traversant une des salles
« du palais, aperçut la reine qui s'entretenait avec le jeune comte
« Rodrigue de Lara. Dom Rodrigue apprend à l'instant que la
« mère de l'intéressante Alix était sœur du comte Nugnes, et par-
« conséquent alliée à la famille de Lara... On dit, ajouta-t-elle,
« qu'après un séjour de tant d'années en Palestine, où IL EXERCE
« UNE IMPORTANTE MISSION, le comte Nugnes se dispose à revenir
« dans sa patrie... Allons, reprit Géraud, Alix et Blanche pren-
« dront quelques heures de repos, et, si elles se trouvent assez de
« forces pour se remettre en route, nous pourrons facilement arriver
« ce soir à Escouloubre... Blanche avait été forcée de suivre son
« père, qui, impatient de présenter ses filles à la dame d'Escou-
« loubre, montait à grands pas les degrés du château... Alix, im-
« mobile devant une des fenêtres du château, voit défiler lentement,
« au déclin du jour, sur le pont-levis d'Escouloubre, la troupe
« menaçante que commande le fils de Pérelle. »

La présence de Géraud, après qu'on a parlé de la tutelle d'Alix et
Blanche, ses filles, paraît une étrange énigme. Ce fait est facile à
comprendre en lisant l'ouvrage de M. Cottin.

Troisième et dernier passage, tome II, page 160, et tome III,
pages 181, 190 et 191 :

« Mais Guy de Lévis, qui élève aussi des prétentions sur Mon-
« ségur (2)... En prononçant ces mots, l'envoyé de Simon de
« Montfort jeta son gantelet au milieu de l'assemblée; le comte de
« Toulouse, Ollivier de Thermes, Géraud de Niort se levèrent pour
« ramasser ce gage de défi... A la bataille de Muret, le petit corps
« commandé par le comte de Foix résistait encore après la chûte
« de l'infortuné monarque. » (Le roi Pierre II d'Aragon, qui y
fut tué.)

(2) *Histoire de Languedoc*, tome II, pages 278 et 279. *Preuves*, pages 332
et 333.

(1) Les vieilles ruines du château de Monségur (près Lavelanet) font partie des
vastes domaines de la maison de Lévis.

CHAPITRE PREMIER.

Une grande partie du Languedoc, Carcassonne, Narbonne, Montpellier, Perpignan, la Provence, furent sous la domination des rois d'Aragon jusqu'en 1349; à cette époque, toutes ces contrées en-deçà des Pyrénées (excepté le Roussillon, qui ne revint à la France qu'en 1642 par conquête, sous Louis XIII), furent cédées par un traité au roi de France. En 1243, le roi Jacques, dont il est parlé dans le premier article, gouvernait l'Aragon; il descendait directement de Sanches, qui fut tué d'un coup de flèche en 1094, devant la forteresse d'Huesca, dont il commandait le siége. Sanches descendait de Clovis, premier roi de France chrétien. En effet, nous lisons dans la *Biographie universelle*, tome 34, article Pierre Ier, fils et successeur de Sanches, roi d'Aragon : *Pierre Ier descendait d'Inigo Arista, comte de Bigorre, fondateur du royaume de Navarre, du sang de Clovis.* Sanches, avant de rendre le dernier soupir, fit promettre à son fils aîné et successeur, Pierre Ier, de ne pas abandonner le siége. Celui-ci exécuta avec succès la volonté de son père, et se rendit maître d'Huesca, en 1096, contre les Maures. Ce peuple barbare, qui depuis bien des années étendait ses ravages dominateurs par invasion dans ces contrées, et dont les descendants subissent aujourd'hui la peine tardive du talion, trouva dans Pierre Ier un redoutable adversaire qui lui fit éprouver plusieurs défaites. Les auteurs contemporains assurent que dans une bataille, il abattit de sa main quatre têtes de rois maures coalisés contre lui. C'est depuis cette époque que l'on plaça quatre têtes de mort dans les armes des rois d'Aragon. Pierre Ier, en montant sur le trône en 1094, avait demandé l'abolition de cette loi qui l'obligeait à prêter serment entre les mains du grand justicier, comme peu conforme à la dignité royale. Dans une assemblée des grands du pays où elle fut abrogée, il fit avec fermeté, de son poignard, couler le sang de sa main, en couvrit le parchemin, et prononça ces mémorables paroles : « Une loi qui donne à des sujets le droit d'élire un roi doit
« être effacée dans le sang d'un roi. » En 1104, Alphonse Ier, son frère, lui succéda; il s'entretenait souvent des actions de son aïeul Clovis, converti au christianisme et sacré à Reims par saint Remi, qui, l'ayant fait placer convenablement pour recevoir l'onction de la *Sainte-Ampoule*, devant une prodigieuse oriflamme aux franges d'or, lui tint ce langage en harmonie avec le sans-façon de l'époque :
« Sicambre, baisse la tête, adore désormais ce que tu brûlais, et
« brûle ce que tu adorais. » On connaît la ruse toute romanesque

qui conduisit Clovis à obtenir la main de Clotilde (canonisée en 955), renfermée à la cour du farouche roi Gondebaud, ainsi que le don divin dont il était doué pour la cure des maladies, et duquel il fit application avec un étonnant succès, en rendant à la vie Lanicet, son favori, guéri des écrouelles (1). Alphonse Ier, surnommé *le Batailleur*, parce qu'il assista à vingt-neuf batailles, continua avec courage et énergie la guerre contre les barbares. Il mourut en 1134, après la perte de la forteresse de Fraga, ayant vu son fils le précéder dans la tombe. La couronne d'Aragon fut alors dévolue à Ramire, troisième fils de Sanches et de Félicie. Voici comment Ramire monta sur le trône. Sanches ayant, en 1093, entrepris un voyage dans ses États vers Montpellier, passa à Saint-Pons de Tonnières (Hérault), et offrit Ramire à l'abbaye de ce lieu, dirigée par le Père Frottard. Après y être demeuré pendant quarante années, voué au culte monastique, Ramire fut appelé, malgré sa résistance, à la couronne par les peuples d'Aragon et de Navarre. Ils s'assemblèrent les premiers à Jacca, les Navarrais à Pampelune, et décidèrent, après la mort d'Alphonse Ier, d'élire à la royauté Ramire, qui fut contraint d'accepter, et couronné à Huesca en 1134, avec la dispense du pape Innocent II. Les grands du royaume l'engagèrent, par raison d'Etat, à se marier, et il épousa vers cette époque Agnès, sœur du comte de Poitiers, laquelle lui donna l'année suivante une fille nommée Urraque ou Pétronille. Quelque temps après, Bérenger IV, comte de Barcelone, épousa la fille de Ramire, qui retourna à son monastère de Saint-Pons. Afin de pouvoir dignement abdiquer la pourpre pour regagner le cloître, Ramire assembla les principaux du royaume et leur dit : « Que Dieu me pardonne et à
« vous aussi; j'ai fait une folie à laquelle vous m'avez contraint;
« mais celui qui est tombé ne trouvera-t-il pas moyen de se relever?
« et ce qui a été fait par une nécessité qui, selon vous, n'avait pas
« de loi, ne peut-il pas être réparé lorsque cette nécessité ne subsiste
« plus? J'ai une fille, mariez-la convenablement et l'Etat sera en
« sûreté. Que le moine reprenne donc l'observance de sa règle, et
« qu'il apaise incessamment les remords de sa conscience (2). »

Bérenger IV, comte de Barcelone, continua ainsi la dynastie des rois d'Aragon (3); il était fils de Bérenger III, dont le frère utérin, Eymeric, vicomte de Narbonne, eut une fille, Ermessinde,

---

(1) Voyez *Histoire de France*, par de Mézeray, tome Ier, page 636.
(2) *Histoire de Languedoc*, tom. II, pag. 415, 418 et 419.
(3) Bouillet. *Dictionnaire géographique*, article *Aragon*.

qui épousa, en 1142, Enrique de Lara, grand-père du comte Rodrigue de Lara, mentionné par M. Cottin, et un des plus anciens fondateurs de la maison de Lara, dont les nobles descendants jouent un rôle important en Espagne en ce moment. Bérenger IV, réputé par sa vaillance, fut un des plus grands hommes de son époque (1). Il perdit la vie en guerroyant du côté de Gênes, en 1162 ; il avait créé l'ordre des Templiers, et fut enseveli à Riupoul, dans un cercueil d'argent. Une de ses sœurs, Bérengère (2), avait épousé Alphonse VIII, roi de Castille et de Léon. De ce mariage naquit une fille, Constance de Castille, qui, étant devenue la femme de Louis VII, roi de France, mourut en donnant le jour, en 1157, à Marguerite, sœur de Philippe-Auguste, lequel se maria, le 20 mai 1180, à Isabelle de Hainaut, descendant de Charlemagne, qu'on appelait la race des grands rois. Marguerite fut unie à Henri, héritier de la couronne d'Angleterre, et en secondes noces à Bela III, roi de Hongrie (3), qui lui laissa, en 1196, deux fils, Emeric et André, devenus l'un et l'autre rois de Hongrie.

Voici le quatrain extrait de l'*Histoire de France*, par de Mézerai (1er volume), et ornant le portrait de Constance de Castille, reine de France :

« Constance fut l'objet de la flamme féconde
« De Louis, qui l'aima d'une parfaite amour ;
« Mais comme elle donnait un nouvel astre au monde,
« Elle même perdit la lumière du jour. »

Voici celui concernant Blanche de Castille, épouse de Louis VIII, roi de France, et mère de Louis IX :

« Si tu veux imiter par une illustre envie
« Celle dont le portrait se voit ici dépeint,
« Admire auparavant l'histoire de sa vie,
« Par qui d'un grand monarque elle fit un grand saint. »

Blanche de Castille, mère de saint Louis, fut leur proche parente, ainsi que d'une troisième sœur de Bérenger IV, Chimène,

(1) *Histoire de Languedoc*, tom. II, pag. 496 et 497.
(2) Elle était fille deuxième de Bérenger III, comte de Barcelone, dont la fille aînée avait épousé le dernier rejeton d'Oliba Cabreta, comte de Cerdagne et de Bézalu en 1016. Bérenger III hérita de ces deux comtés en 1117 ; car sa fille et son gendre étaient morts sans postérité. (Voyez *Histoire de Languedoc*, tom. II, pag. 597 et 598.) Oliba, fils d'Oliba Cabreta, était abbé de Saint-Hilaire en 1024, et devint ensuite évêque d'Ausonne en Aragon. (Voyez tom. II, pag. 158.)
(3) *Biographie universelle*, article *Bela III*.

qui devint la femme de Roger III, comte de Foix. De ce mariage naquit aussi une fille, *Braidimène de Foix, princesse du sang royal , qui épousa, en mars 1132, Guillaume d'Alone, vicomte de Sault, à qui son neveu, Udalger, fils de sa sœur Gile, céda ses droits sur le château de Niort, moyennant un cheval de 200 sols de Carcassonne* (1). Dès ce jour, ce Guillaume, qui ne figure plus sous le nom de d'Alone, dont il n'est plus question dans l'histoire, prit celui de de Niort, comme nous le voyons paraître, en 1153 et 1163, dans des chartes relatées dans les *Preuves* du 2ᵉ volume du livre de dom Vaissette, pag. 542 et 597. Au reste, dans une charte produite en 1015, tome 2 preuves page 170, il est déjà question de cette famille en ces termes : *de istâ horâ in antea ego Bernadus filius Guillelmæ, ego Utalgerius filius ejusdem Guillelmæ et ego Petrus, filius imperæ non decipiemus te Bernardum, comitem fuxi, de ipso castello de Niort atque de ipso castel-por atque de ipsas forticias qua in illts hodie sint, nolvos tolrem, nolvos vidarem etc.* et nous trouvons, à la page 339 de ces mêmes *Preuves*, Raymond de Niort, fils (2) de Udalger, provoquer le serment de Guillaume Arnaud en 1095. Nous avons plusieurs occasions de citer cet excellent ouvrage que Thierry appelle un véritable *monument historique*; dans l'analyse du travail de M. Castillon d'Aspect sur les comtes de Foix, un écrivain aussi distingué que consciencieux, M. Amiel, dit dans le Moniteur du 12 avril 1853, en parlant des bénédictins dom Vic et dom Vaissette : *Glaner après de de tels maîtres, c'est encore un honneur*. Dans le 2ᵉ volume de cet ouvrage (*Preuves*), page 509, cette cession au vicomte de Sault est mentionnée en ces termes : *Anno incarnationis 1145, regnante Ludovico, ego Utalgerius, filius qui fui Gilæ, laxo et guirpusco tibi Guillelmo de Alaniano, vicecomiti, avunculo meo, omnem hæreditatem matris meæ quæ est in terminio de Niort, propter hanc definitionem accipio à te unum equitem de ducentis etc., etc.*» Après cet épisode indispensable au but de notre écrit, nous revenons à Alfonse II, roi d'Aragon, fils et successeur de Bérenger IV ; sa mère, Pétronille, après avoir décliné la régence pour le faire monter sur le trône, mourut en 1173. Alphonse II combattit, pendant de longues années

---

(1) *Histoire de Languedoc*, tom. II pag. 408.
(2) *Histoire de Languedoc*, tom. II, pag. 228 et 357, et *Preuves*.

contre les Sarrasins, et fut pris d'une maladie à laquelle il succomba à Perpignan en 1196. Pierre II, valeureux guerrier, son fils et successeur, fut tué, en 1213, à la fameuse bataille de Muret, livrée par les hérétiques, qu'on appelait le parti des princes, dirigé par les rois d'Aragon, de Navarre, les comtes de Foix, de Toulouse, etc., contre les troupes de France, et Simon de Montfort, encouragé par la présence d'Alix de Montmorency, son épouse. La couronne d'Aragon devint alors l'apanage de son fils Jacques, le même dont il est question dans l'ouvrage de M. Cottin. Il fut père de Pierre III, dit le Grand, couronné roi d'Aragon en 1276, et qui, de concert avec Jean de *Procida*, fomenta, en 1282, la conspiration des Vêpres Siciliennes, de funeste mémoire où il présida au massacre des Français le jour de Pâques, pour se venger de Charles d'Anjou qui avait détrôné Manfred, roi de Sicile, son beau-père (1).

§ II.

Nous avons parlé plus haut de Roger III, comte de Foix (2), petit-fils du roi d'Aragon par son mariage avec Chimène, sœur de Bérenger IV.

On voit dans l'histoire du Languedoc, tome 2, page 402, (preuves) an 1151, une donation de Roger III, comte de Foix, à Braidimène, sa fille, épouse du vicomte de Sault, Guillaume de Niort, ainsi qu'une seconde donation à Raymond-Roger, comte de Foix, de la part d'Alphonse II, roi d'Aragon, qui l'appelle *nepoti dilecto meo*, tome 2, (preuves), an 1193. La maison de Foix, consanguine des rois d'Aragon, de Castille, de Navarre, se confondit plus tard dans celle des rois de France: Philippe III épousa Isabelle d'Aragon en 1157; Catherine, fille du comte de Foix et d'Eléonor d'Aragon, était mère d'Anne de Bretagne, épouse de Louis XII; Gaston Phébus, était comte de Foix, né en 1331 était uni à la sœur de Charles, roi de Navarre; il s'illustra par sa valeur et sa magnificence, fit la guerre aux anglais, servit en Prusse contre les infidèles en 1356, contribua à la délivrance du Dauphin à Meaux en 1358, combattit le comte d'Armagnac en 1372 ainsi que le duc de Berry qui lui avait enlevé le titre de lieutenant de Languedoc (3); on a de lui un livre sur la chasse intitulé des *déduits de la chasse des bêtes sauvages*.

(1) Voyez *Biographie universelle*, article *Pierre III*, roi d'Aragon.
(2) Voyez *Dictionnaire des Dates*, par d'Armonville, publié en 1842, et *Histoire de Languedoc*, tom. II, pag. 402.
(3) Bouillet. *Dictionnaire géographique*, page 631.

Grand chasseur, ayant une meute de 1600 chiens, il mourut en 1390 pendant qu'on lui versait de l'eau pour se laver les mains, ruisselant de sueur à son retour d'une chasse à l'ours dans les Pyrénées où plusieurs de ses hôtes incommodes avaient été abattus. Gaston de Foix, duc de Nemours, dit la *foudre d'Italie*, était fils de Marie d'Orléans, sœur de Louis XII ; intrépide guerrier, il perdit la vie à l'âge de 23 ans poursuivant les fuyards après avoir gagné en 1512, la bataille de Ravenne, où l'illustre preux, chevalier Bayard était son lieutenant. « Les victoires de Gaston de Foix
« élevaient alors la France au plus haut degré de gloire, le jeune
« François 1er voyait dans ce héros, son guide et son ami, il s'ap-
« prêtait à voler sur ses pas en Italie, lorsque le coup fatal qui
« emporta Gaston de Foix au sortir de la victoire de Ravenne, mit
« un terme aux courtes prospérités de Louis XII. » (Biographie universelle, tome 15, page 465.) La Navarre et le comté de Foix échurent alors à Catherine de Foix qui avait épousé en 1484 Jean d'Albret, grand-père de la célèbre Jeanne d'Albret, femme du duc de Vendôme, petit-fils lui-même de saint Louis, et mère du roi de France, Henri IV (1). Henri d'Albret, roi de Navarre, père de Jeanne, avait épousé en 1527 Marguerite, sœur de François 1er, au château d'Angoulême. Lors de la naissance d'Henri IV, d'Albret avait recommandé à sa fille de chanter en accouchant, afin de ne pas donner le jour à un enfant pleureux et rechigné ; Jeanne eut le courage d'accomplir la volonté de son père qui emporta le nouveau-né, le frotta d'ail et lui fit boire du vin, afin de lui former un tempérament robuste. Le maréchal d'Albret descendait aussi de Jean d'Albret, et fut légitimé par son père sous François 1er en 1527, il avait une faiblesse assez ridicule, c'était de tomber en syncope à la vue d'une tête de marcassin. Un jour au théâtre, il s'empara de la loge de l'abbé d'Aumont, quoique ce dernier l'eût retenue à l'avance, ce qui fit dire à l'abbé : « Voyez le beau maréchal, ce fameux guerrier, il n'a jamais pris... que ma loge. »

L'Aragon fut uni à la Castille par le mariage de Ferdinand, roi d'Aragon, avec Isabelle de Castille en 1479, la princesse Jeanne, issue de cette union, épousa Philippe, archiduc d'Autriche, et le rendit père de Charles Quint qui fut le premier roi de toutes les Espagnes.

(1) Voyez *Biographie universelle*, articles d'*Albret*, *Jeanne d'Albret*, *Henri IV roi de France*.

Les princes d'Aragon, de Navarre, de Foix et de Toulouse avaient par politique toujours soutenu le parti opposé aux rois de France, *parti des princes ou des hérétiques d'alors*, c'est pourquoi Henri IV, roi de Navarre, était appelé roi hérétique jusqu'à ce qu'il abjura dans la métropole de Paris, en 1594. (1)

Bérenger IV en 1162 avait laissé plusieurs fils : le troisième eut pour apanage le comté de Roussillon, il s'appelait Sanches ; son fils, le comte Nugnes Sanches, cité dans l'histoire de M. Cottin, était frère de Sancie qui avait droit au titre de princesse en Espagne, où la loi salique n'exclut pas les femmes de l'hérédité des titres. (2) En 1216 Sancie épousa le petit-fils de la princesse Braïdimène de Foix, Géraud de Niort, qui joua un rôle important lors des guerres des Albigeois, soutenu et encouragé par ses parents, les princes de Foix et d'Aragon, auprès desquels il avait fait ses premières armes. Nous croyons utile de citer ici les passages suivants de l'histoire de Languedoc, tome 3, page 410 et suivantes : « Il paraît
« que Trancavel, qui se qualifiait toujours vicomte de Béziers, servit
« alors sous les enseignes du roi d'Aragon, nous savons du moins
« qu'il était retiré à sa cour et qu'il y était au mois de mai 1236,
« il avait sans doute embrassé ses intérêts durant le différend que ce
« prince eut l'année précédente avec Nugnes Sanches, comte de
« Roussillon, qui prétendait à la suzeraineté sur la ville de Carcas-
« sonne, sur le vicomté de Narbonne, etc., etc., tant en vertu de
« la substitution testamentaire de Bérenger IV, comte de Barce-
« lone et prince d'Aragon, son aïeul paternel, que d'une dona-
« tion faite au comte Sanches par son frère, Alfonse II, roi d'A-
« ragon, oncle paternel de Nugnes, et aïeul du roi Jacques;
« Jacques, son neveu à la mode de Bretagne, lui demandait de
« son côté la restitution du Captir, du Valespir, etc., etc., enfin
« ces deux princes (Nugnes et le roi d'Aragon) passèrent un com-
« promis au mois de mai 1235, et, par l'accord qui s'ensuivit, Jac-
« ques, voyant qu'il pouvait être héritier pour le comté de Rous-
« sillon du comte Nugnes Sanches qui n'avait pas d'enfants,
« souscrivit à la paix, etc. Nugnes eut aussi de grands différends
« avec le comte Foix, son cousin-germain, au sujet du pays de
« Cerdagne; ils convinrent de la paix en septembre 1233. Roger
« de Comminges, loup de Foix, et Guillaume de Niort furent pré-

---

(1) *Biographie universelle*, tom. XX, pag. 98 et 107.
(2) Voyez Augustin Thierry, *Lettres sur l'Histoire de France*, tome IV, page 160.

« sents à l'acte de dépôt de ce traité dans l'abbaye de Fonfroide
« (près Narbonne). »

§ III.

La bataille de Muret, gagnée le 12 septembre 1213, par Simon de Montfort à la tête des troupes de Louis VIII, roi de France, porta une terrible atteinte au parti des Albigeois ; le comte de Roussillon, Nugnes Sanches, profondément intelligent en politique, fut, quoiqu'il s'y trouvât étroitement attaché par les liens du sang, un des premiers à l'abandonner. On voit en effet, au tome III de l'*Histoire du Languedoc*, page 352, qu'il offre son dévoûment et ses domaines à Louis VIII pour les combattre, et de plus une lettre au roi à ce sujet : *Preuves*, tome III, page 305. Nugnes fut avantageusement apprécié de saint Louis ; l'ayant accompagné en terre sainte, lors des croisades, il en reçut, comme dit M. Cottin, une mission en Palestine sur le point que nous allons détailler :

Par suite des guerres qui ébranlaient l'Orient, Baudouin II, prince français, devenu empereur de Constantinople, fut obligé, pour créer des ressources au trésor qui se trouvait en déconfiture, de livrer la *vraie couronne d'épines* entre les mains de marchands vénitiens, riches israélistes, car Venise était alors très-florissante. Le terme de rachat étant sur le point d'expirer, Baudouin voyait l'impossibilité de reprendre ce précieux dépôt, et il fit part de cette critique situation à saint Louis, qui de Damiette envoya le comte Nugnes en Palestine pour le racheter. Ces démarches obtinrent le succès attendu, et la vraie couronne fut remise à Louis IX, qui la fit transférer par un soldat, nommé Guy, à Paris, où on éleva un monument grandiose pour la déposer. C'est la Sainte-Chapelle, près le Palais-de-Justice, alors résidence des rois qui rendaient eux-mêmes la justice, comme saint Louis sous un chêne, dans la forêt de Vincennes. (Dame Thémis devait alors coûter moins cher que de nos jours.) Cette acquisition, si précieuse pour la catholicité et l'église gallicane, précéda l'ordonnance rendue par le roi-martyr sur la pragmatique-sanction ; elle fut l'objet du culte fervent des fidèles pendant plusieurs siècles, jusqu'à l'époque des troubles incendiaires de 1793 ; étant alors devenue la proie du vandalisme, elle disparut. Cependant, ces reliques, consacrées par les tourments du DIVIN SAUVEUR † furent recueillies, et sont exposées, avec un clou de la vraie croix, dans une chapelle de la cathédrale de Paris pendant la semaine sainte. La Sainte-Chapelle, monument admirable comme objet d'art sous le point de vue architectural et par les souvenirs religieux qui s'y rattachent, a toujours fixé la sollicitude du Gouvernement, qui la fait restaurer en ce moment. On s'extasie devant ces riches embellissements et la flèche resplendissante de dorures dans ses 20 mètres d'élévation.

Géraud de Niort (1) commandait un fort parti à cette époque de troubles religieux ; au milieu d'une foule d'occasions, où il est question de ses actes, nous allons rapporter les lignes suivantes du même ouvrage, tome III, page 422 : « Géraud de Niort, après
« avoir capitulé avec ses frères et sa mère (Esclarmonde) (2) au
« siége de Montréal (près Carcassonne), en présence des comtes de
« Foix et de Toulouse, et en faveur de saint Louis, lui fait soumis-
« sion et abandon de tous ses châteaux, de Niort, de Castelpor, de
« Labastide de Rochan et de Dournes, dans le pays de Sault, tant
« en son nom qu'en celui de ses frères, *Bernard-Othon*, Guillaume
« et Guillaume-Bernard et de sa mère. Il obtint pour ses frères le
« fief du village d'Esperaza. Pour le dédommager de la perte de
« ses grandes possessions, le roi lui accorde une RENTE ANNUELLE
« SUR LE TRÉSOR ROYAL, et les lui rend en décembre 1243, à con-
« dition que lui et les siens quitteront le pays de Sault. (On le
« conduisit à Issoire, en Auvergne, d'où il passa ensuite en Aragon.)
« Le roi s'engage, de plus, à restituer à Raymond de Niort, dans
« cinq ans, Labastide de Beauvoir en Lauraguais, à les préserver
« tous de l'exil et de la prison, et à les faire réconcilier avec l'Eglise
« par les nonces du pape : *et en cas*, dit Géraud dans ce traité,
« *que ces promesses ne soient pas remplies, on me rendra*
« *mes châteaux avant la Pentecôte, et on m'accordera un*
« *mois de trève.* » Diverses chartes de l'an 1240 et 1256, re-
« cueillies dans les *Preuves* du même tome III, pages 397, 398 et
« 411, confirment ainsi ce qui est dit plus haut :

« *Actes de soumission des seigneurs de Niort, anno* 1240,
« Gaufridus, vice comes Castri dunis, Henricus de Solliaco et
« Guido de Lévy, omnibus notum facimus quod Géraldus de
« Niorto, pro se, matre suâ atque NEPOTIBUS SUIS, etc., etc. »
« Hugo de Arcisio, miles et senescallus Carcassonnæ, universis
« notum facimus quod cùm propter dissentionem quæ erat inter

---

(1) *Histoire de Languedoc*, tom. III, pages 410, 422, *v*. Preuves, pages 397, 398.

(2) *Histoire de Languedoc*, tom. III, page 401, et *preuves*, pages 385, 238, 290.

« NOBILEM VIRUM, *Bernard Otho*, et fratres suos ex unâ parte, etc. »

Comme le raconte M. Cottin, c'est au château d'Escouloubre que la famille de Géraud de Niort se retira en 1243. Celui de Niort ayant été rasé par ordre du roi. Géraud étant demeuré quelques années en Aragon auprès du roi Jacques, son parent, en guerre contre les Maures, fut fait prisonnier et délivré après la prise de Valence, lors de l'échange qui eut lieu entre les deux armées ; il rentra au château de l'Escouloubre où il mourut auprès de ses filles, Raymond et Bertrand, ses fils, en 1256. Foulques, seigneur de Durfort, avait épousé en 1212 Ermessinde, sœur de Géraud, l'aïeul de ce Foulques était proche parent de celui qui, ayant contracté mariage en 1131 avec Mélicente, fille de Baudouin II, cousin et successeur médiat de Godefroy de Bouillon, était devenu roi de Jérusalem, il est désigné Bertrand de Durfort, (1) nom que ses illustres descendants et les maréchaux de Durfort conservèrent ensuite ; Jean-François de Durfort, seigneur de Vernioles, épousa, d'après d'Hozier, (2) le 24 septembre 1481, Etiennette de Lasset, et le même jour François de Grave, seigneur de Saint-Martin, s'unissait à Carcassonne avec Agnès de Lasset. Ce François de Grave épousa en secondes noces, le 25 mai 1490 Marguerite d'Hautpoul-Rennes. D'après un manuscrit de d'Hozier que nous avons sous les yeux en 1261, Bertrand de Niort épousa Azingue de Bellegarde. Nous avons aussi un parchemin vermoulu contenant le testament fait en 1275 de Bertrand de Niort et des actes authentiques selon lesquels le roi Philippe fait échange avec Raymond de Niort *Tertiâ die nonas Augusti* 1282 de la ville de Mazerolles contre des terres de Belcaire. En mars 1309, Ermengarde, veuve de Raymond, accorde des droits d'usage dans ses forêts aux habitants d'Escouloubre et du Bousquet. Le 27 mars 1372, Bertrand de Niort, seigneur de Belfort, reconnaît pour ses terres la suprématie du roi de France Charles V. Le 12 mars 1480, Mathieu de Niort et son épouse Delphine font serment de fidélité au roi de France, Louis. Le 3 mars 1527, le roi François Ier concède, d'après ces actes, les mines de fer de Fontanes (Aude) à Bernard de Niort, seigneur de Belfort, qui avait aliéné des forêts importantes pour contribuer à la rançon de Sa Majesté, lors de sa captivité à Madrid après la bataille de Pavie, gagnée par Charles-Quint. Le 3 juin 1530, noble Jean de Raynaud, grand-

(1) *Histoire de Languedoc*, t. II, pag. 278 et 279, et *Preuves*, pages 332, 333.
(2) Premier juge d'armes de France.

officier du roi, gouverneur de Donezan, établit les pactes du mariage de sa fille Marguerite, qui épouse noble Antoine de Niort d'après acte retenu par Bernard, notaire. Le 17 avril 1540, Mathieu de Niort, oncle, seigneur de Belfort, (près Niort) fait le dénombrement de ses biens et le termine le 28 octobre suivant. D'après ces actes et l'ouvrage du marquis de d'Aubais (pièces fugitives), le 3 décembre 1578, Jean de Niort, co-seigneur dudit lieu, écuyer du roi, épouse Suzanne de Saint-Martin. Le 6 novembre 1602, Jean de Niort fait testament retenu par Bernard, notaire, en faveur de Philippe de Niort, son fils, dont le frère, Louis de Niort, épouse le 27 septembre 1613, Gabrielle de Gléon, elle était assistée de Bernard de Bellissens, baron de Malvres, capitaine de chevau-légers, qui avait épousé le 14 février 1611, Jeane de Gléon, sa sœur. (Voyez pièces fugitives, jugement sur la noblesse de Languedoc, tome 2, page 223, tome 3, page 14 et manuscrits). Le 6 septembre 1626, Philippe de Niort épouse Paule de Nègre, fille d'une demoiselle de Villoutrés et petite-fille de Jean de Coudere de Nègre, seigneur d'Antugnac (près Limoux) et de demoiselle de Montesquieu de Constaussa (près Limoux). C'est à cette famille de Montesquieu qu'appartient le célèbre président à Mortier, membre de l'académie française, auteur des *lettres persanes*, de *l'esprit des lois* et dont un trait de touchante bienfaisance est si bien rapportée dans la *biographie universelle* au sujet d'un marseillais, esclave à Tétouan, qu'il racheta pour 7,500 fr. en se cachant sous le voile de l'anonyme. Paule de Nègre, mère de Gaston de Niort, était petite nièce de Germaine de Lévy qui en 1580 avait épousé Jean de Montesquieu, et tante de François de Montesquieu, baron de Constaussa, gentilhomme ordinaire de la maison du roi, et qui épousa le 16 janvier 1656 Louise de Toulouse. Le 11 novembre 1635, Philippe de Niort, mentionné plus haut, institue son héritier Gaston de Niort, son fils, par devant Cazals, notaire. Le 24 septembre 1670, Gaston Niort, seigneur dudit lieu, est maintenu dans ses titres de noblesse après les preuves et vérifications faites par devant le chevalier Bazin de Bezons, commissaire du roi, par devant Bernioles, notaire. Le 4 mai 1700, Gaston de Niort, veuf en premières noces de Marie de la Fage, épouse Marguerite de Boyer, fille de François Boyer de Chalabre, seigneur du château de Belfort qu'il habite et de Anne de Saint-Mézard. (M. Boyer de Moutquier de Carcassonne est descendant de François Boyer qui avaient deux fils, dont l'un fut archidiacre de Carcassonne en mars 1712). Le 7 mars 1709, Gaston de Niort fait testament en faveur de

Pierre de Niort, son fils et de Marguerite Boyer. Le 1ᵉʳ août 1722, Jean-Hector de Niort, frère de Pierre, fait hommage au roi de ses terres de Bellesta. (Voyez pièces fugitives, tome 2, page 342.) Le 4 juillet 1775, Paul de Niort, fils de Pierre, et né en 1740 à Escouloubre(où il était maire en 1790 jusqu'en 1810), épouse Marie de Lasset, filleule et nièce du maréchal de Lévy, né en 1720 au château d'Ajac, près Limoux, fille de Pierre de Lasset, seigneur d'Escuillens et d'Anne Barbe d'Hélie et petite-fille de Marie de Grave dont la sœur avait épousé François de Bellissens, baron de Malves. Louise et Sophie d'Hélie étaient cousines-germaines de Marie de Lasset; la première épousa M. de Bermond, petit neveu de Catherine de Bermond qui fut unie par contrat du 27 juillet 1712 à Jean-Antoine, marquis d'Hautpoul *Rennes*, né 29 novembre 1694. La seconde épousa le baron de Nègre d'Autugnac. Le jeune frère de Marie de Lasset, César de Lasset, capitaine au régiment *colonel-général*, fut tué à Saint-Domingue en 1781, lors de la guerre de l'indépendance à bord de la frégate *l'Inconstante*. Son frère aîné, Pierre-François de Lasset, marquis, seigneur d'Escuillens, ancien officier, mourut aussi sans postérité en 1808 à Escuillens (Aude).

En 1790, Pierre de Niort, fils de Gaston et de Anne de Boyer, décéda à St-Hilaire où il s'était retiré auprès de Guiard de Niort, juge de paix son gendre. En 1791, son neveu, le chevalier de Niort, de Rodome, fut tué dans la plaine de Tuir en Roussillon dans un champ d'oliviers en combattant avec les émigrés de Mauléon, d'Honous et autres, harcelés par les troupes de l'hydro révolutionnaire; peu après, frère de ce dernier, le baron de Niort, de Rodome, s'éteignit aussi sans enfants, laissant une veuve, issue des seigneurs de Fitou, madame de Niort, qui a fini ses jours à Carcassonne en 1821. En 1805, César de Niort, né à Escouloubre, fils de Paul et de Marie de Lasset, épouse à St-Hilaire Anne Dardé de Pech, nièce de l'ancien seigneur de Saint-Hilaire et petite fille de noble André de Pech (allié à la maison de Caux) conseiller du roi et receveur des décimes à Carcassonne, en 1698, selon d'Hozier. En 1806, Georges de Niort, aussi fils de Paul, est frappé mortellement sous les drapeaux à la campagne d'Italie. En 1820, Marie de Lasset termine sa carrière ainsi que Paul de Niort, son mari, en 1828, auprès de leur fils, César et leurs filles, Sophie et Anne de Niort, à Saint-Hilaire (Aude).

§ IV.

La famille de Lasset, éteinte par la ligne masculine, n'a laissé d'autres descendants que ceux issus du mariage de Marie de Lasset avec Paul de Niort. Voici, d'après un manuscrit d'Hozier, déposé à la bibliothèque impériale, quelques documents généalogiques qui la concernent :

« Le 6 novembre 1504 a eu lieu à Lodève, par devant Laupiez,
« notaire de Montpellier, le contrat de mariage de Pierre de Rosset
« avec Isabelle de Lasset; ce de Rosset est aïeul d'Hercule, mar-
« quis de Rosset, depuis duc de Fleury, reçu chevalier des ordres
« du roi, sur preuves de cinq aïeuls nobles paternels et maternels,
« le 22 septembre 1734. Le nom de Lasset est généralement classé,
« dit d'Hozier, *dans les preuves en admission à Saint-Cyr de*
« *Thérèse de Lasset, le lundi,* 28 septembre 1744, car il y a
« des lettres patentes d'érection en marquisat, de la terre de Roquo-
« zel, d'où les Lasset étaient aussi seigneurs, et de plus, l'alliance
« de cette maison tient sa place entre les alliances nobles de celle du
« duc de Fleury, dans laquelle était entrée une demoiselle de Las-
« set. » Le marquis Hercule de Rosset, cardinal, duc de Fleury, qui fut évêque de Fréjus, gouverneur de Louis XV, premier ministre, membre de l'Institut pour les trois académies des sciences, des beaux-arts et française, était né à Lodève le 22 juin 1653 et mourut à Issy (près Paris), le 29 janvier 1743. Cette famille est aussi éteinte, tous ses membres furent immolés en 1793. Le dernier, Hector de Rosset de Fleury, incarcéré au Luxembourg, ayant vu périr tous les siens par le bourreau, ne put maintenir sa violence et écrivit à Dumas et Fouquier-Tainville une lettre furibonde à ce sujet : « Ce Monsieur est donc bien pressé, dit le féroce Fouquier. » De Rosset fut exécuté le lendemain, 18 juin 1794. (Voyez biographie universelle, tome 15, pages 68 et 70). Le 22 août 1616, Paul de Lasset, seigneur de Gaja et d'Escullens avait épousé Isabeau Lenoir de la Redorte, assistée de Françoise d'Astorg, sa mère, et de Sicard Lenoir, seigneur de la Redorte, son frère qui avait épousé, le 24 avril 1611, Antoinette de Carion de Nizas (Voyez pièces fugitives. Jugements sur la noblesse du Languedoc, tome III, page 87.)

D'après ce qui a été dit plus haut et les pièces authentiques que nous avons sous les yeux, il est constaté que :

1° En 1015, Pierre de Niort, fils d'Imperia, Bernard, fils de Guillelme et Udalger, aussi fils de cette dernière, reconnaissent la suprématie du comte de Foix, pour le château de Niort et de Castel-Por dont ils sont seigneurs (Histoire de Languedoc, tome II, preuves, page 170).

2° En 1095, Raymond de Niort provoque le serment de Guillaume Arnaud à Guillaume Raymond au sujet de l'église d'Esperaza (Histoire de Languedoc, tome II, preuves, page 339).

3° En 1132, Udalger de Niort fait cession du château de Niort à son oncle, Guillaume d'Alone, vicomte de Sault, époux de Braidimaine de Foix.

4° En 1153 les enfants de Guillaume, Raymond et Odon de Niort, font serment de fidélité au comte de Foix pour le château de Niort selon les usages de cette époque (Preuves, tome II, page 542).

5° En 1163, Guillaume de Niort est témoin d'un accord au sujet du château de Villarsel (Preuves, tome II, page 597).

6° En 1180, Guillaume de Niort épouse Esclarmonde de Foix ; il devint ensuite père de Géraud, Bernard Othon, Guillaume et Guillaume Bernard.

7° En 1213, Géraud est un des combattants à la bataille de Muret.

8° En 1218, Géraud de Niort épouse Sancie, sœur du comte Nugnes, nièce du roi Alphonse II d'Aragon, et cousine du roi Pierre II, tué à la bataille de Muret.

9° En 1240, Géraud de Niort capitule en faveur de saint Louis au château de Montréal.

10° En 1256, Géraud de Niort cesse d'exister à Escouloubre, après avoir testé en faveur de Bertrand de Niort, son fils.

11° En 1264, noble Bertrand de Niort épouse Auringue de Bellegarde (d'après le manuscrit de d'Hozier).

12° En 1275, ce dernier fait testament en faveur de Raymond de Niort, son fils (d'après le manuscrit de d'Hozier).

13 En 1282, Raymond de Niort fait échange avec le roi Philippe.

14° En mars 1307, Ermengarde, veuve de Raymond de Niort, accorde des droits d'usage aux habitants d'Escouloubre, et l'an 1320, leur fils, Raymond de Niort, seigneur de Brénac, fait un acte de la séparation d'une quête (manuscrit de d'Hozier).

15° Le 27 mars 1372, Jean de Niort, petit-fils de Raymond et seigneur de Belfort, reconnaît l'autorité pour ses terres du roi de France, Charles V.

16° En 1446, eut lieu le contrat de mariage de Désirade, fille de Raymond de Niort, avec Raymond de la Tour (selon le manuscrit de d'Hozier).

17° En 1462, par-devant Barrali, notaire, s'effectuèrent les contrats de mariage de demoiselle Philippe de Niort avec noble Guillaume de Roquelaure, et demoiselle Marguerite de Niort avec Jean de Roquelaure, filles l'une et l'autre de Raymond de Niort, seigneur de Brénac (d'après le manuscrit de d'Hozier).

18° Le 12 mars 1480, Mathieu de Niort, fils de Raymond, et son épouse Delphine, font serment de fidélité au roi de France, Louis.

19° Le 3 mars 1527, le roi de France, François Ier, concède (selon le manuscrit que nous avons sous les yeux) les mines de fer de Fontanes (Aude) à Bernard de Niort, fils de Mathieu et seigneur de Belfort.

20° Le 3 juin 1530, noble Jean de Raynaud, gouverneur de Donnezan, consent au mariage de Marguerite, sa fille, avec noble Antoine de Niort, fils de Bernard, d'après l'acte retenu par Bernard, notaire.

21° Le 17 avril 1540, Mathieu de Niort, oncle, fait le dénombrement de ses terres et le termine le 28 octobre suivant.

22° En 1548, Guillaume de Niort, religieux, fait une quittance, signée Roger, notaire, à Bernard de Niort (d'après le manuscrit de d'Hozier).

23° Il y eut un arrêt de la Cour des aides, le 17 septembre 1557, entre François de Niort, fils de Bernard, et les consuls de Brénac (Aude) (manuscrit de d'Hozier).

24° Le 3 décembre 1578, Jean de Niort, fils de François, écuyer du roi, épouse Suzanne de Saint-Martin.

25° En 1592, noble François de Roquelaure et de Niort est témoin du mariage de François de Coudere, seigneur d'Antugnac, avec demoiselle Constance de Montesquieu, par-devant Lucet, notaire à Alet (d'après d'Hozier).

26° Le 6 novembre 1602, le testament de Jean de Niort, en faveur de Philippe de Niort, son fils, fut signé.

27° Le 27 septembre 1613, Louis de Niort, fils de Jean, épouse Gabrielle de Gléon.

28° Le 6 septembre 1626, eut lieu le mariage de Philippe de

Niort avec demoiselle Paule de Nègre, et le 7 décembre 1641, celui de Pierre d'Hélie avec Jeanne de Voisins.

20° D'après l'acte signé, Siou, notaire, le 23 avril 1646, on dresse l'inventaire des biens de noble François de Roquelaure et de Niort qui, le 7 février 1653, épousa Claire de d'Ax (manuscrits et pièces fugitives de d'Hozier).

30° Gaston de Niort, fils de Philippe, fut maintenu dans ses titres en 1670.

31° Pierre de Niort, fils de Gaston, devint père de Paul de Niort en 1740.

32° Paul de Niort épousa Marie de Lasset en 1775.

33° César de Niort, fils de Paul, épousa, en 1806, Anne Dardé de Pech.

Noble Guillaume de Roquelaure, mentionné plus haut, qui épousa demoiselle de Niort en 1462, habitait le pays de Sault, voisin de l'ancien comté de Foix; cette famille est connue dans l'histoire depuis le XII° siècle, d'après la *Biographie universelle;* il était aïeul du maréchal Antoine de Roquelaure, seigneur de Mirepoix, qui fut gouverneur de Foix et de Languedoc en 1581, d'après les manuscrits déposés à la Bibliothèque impériale. Antoine fut engagé par la reine de Navarre, Jeanne d'Albret, dans le parti de son fils, dont il devint le lieutenant. « Henri IV s'intéressa, en 1606, à « concilier le différend qui avait surgi entre M. de Roquelaure « et M. de Noailles, son gendre, » est-il dit dans ces traditions. Au combat de Fontaine-Française, ce grand roi, voyant fuir ses gens en désordre, dit à Roquelaure de courir après eux pour les ramener. « Je m'en garderais bien, répondit-il, on croirait que je fuis aussi. » Il était dans le carrosse du roi, quand ce malheureux prince fut frappé par un lâche assassin, et mourut à 82 ans en 1625. Son fils, Gaston, duc de Roquelaure, maréchal de France, gouverneur de la Guienne, mourut en 1680, laissant un fils, Antoine Gaston, duc de Roquelaure, maréchal de France, gouverneur de Languedoc, qui décéda à Lectoure en 1736. Sa fille, Louise, avait épousé, en 1694, Alexandre de Lévy, seigneur de Mirepoix. Jean de Roquelaure, né au château de Roquelaure, près Rhodès, en 1721, était sans doute de la ligne collatérale; entré dès son jeune âge dans l'ordre ecclésiastique, il fut nommé par Napoléon Ier archevêque de Malines, et puis chanoine de Saint-Denis; il mourut à

Paris en 1818, âgé de 97 ans. Les de Roquelaure qui existent dans l'Ariège, ancien comté de Foix, sont infailliblement issus de la même souche.

Il a été question plus haut de la famille de Carrion-Nizas, dont un membre (d'après l'*Armorial* de d'Hozier) fut colonel d'un régiment de milice en 1630. Le baron de Carion-Nizas, né en 1767, fut législateur, militaire et poète très-distingué ; ancien tribun de l'Empire, il mourut général de brigade ; il était père d'André de Carion-Nizas, membre de la Constituante en 1848, et occupant aujourd'hui une très-haute position. Elle compte dans ses devanciers des hommes de guerre très-distingués, et est anciennement issue des environs de Béziers. Nous lisons dans une légende déposée à la Bibliothèque impériale : « Le célèbre guerrier, dom Rodrigue de Bivar, surnommé le Cid, né à Burgos (Castille), maria ses deux filles, en 1093, aux deux enfants du comte de Carion, le roi Sanches II ayant témoigné le souhaiter. »

Nous avons cru devoir dans cette notice rapporter des faits historiques qui peuvent intéresser et d'autres anecdotiques se liant plus ou moins à la filiation de la famille de Niort, non afin de relever ses titres, mais pour conserver la tradition des choses qui ont existé ; il serait triste que l'on fut obligé d'étouffer ce sentiment qui nous porte à rechercher l'histoire de nos ascendants. On respecte en général cette tendance pieuse de l'homme le plus humble par ses goûts et même par sa naissance, et qui néanmoins aime à parler avec fierté de ce qu'il y a d'honorable dans la mémoire de son père ou de son aïeul, comme le dit un savant contemporain (1) : « Il n'est pas un homme de cœur qui ne doive se trouver heureux de porter un beau nom, malheur à ceux qui négligeraient le culte des vieux souvenirs, il vaudrait mieux pour leurs pères qu'ils ne fussent jamais nés. »

En résumé, il doit être incontestablement établi, d'après les autorités historiques, les actes, les papiers de famille échappés aux iconoclastes de la Ligue, de la Fronde et de 1793, et dont il est ici question, que la famille de Niort se rattachant à d'antiques et glorieuses traditions, remonte par son nom à l'an 1015, et, selon l'histoire, cette Sibylle austère, qui a pour mission de révéler le passé aux méditations des générations futures, selon l'histoire elle

---

(1) *Histoire des manuscrits français*, publiée en 1836 par M. Paulin-Paris, conservateur, depuis vingt-huit ans, à la Bibliothèque impériale, membre de l'Institut.

descend des anciens comtes de Foix et des rois d'Aragon, du sang eux-mêmes de Clovis, petit-fils de Mérovée, roi de France en 440; qu'elle devint, par ces alliances, consanguine des maisons royales de Castille, de Navarre, de France, de Hongrie, de Lara, et ne fut pas étrangère à celles de Hainaut, d'Angleterre et d'Autriche, alliances qui la font remonter aux premières époques de la monarchie française, et que, depuis ces temps reculés, elle compta des liens de parenté, plus ou moins rapprochés, avec les maisons de Raymond, de Nègre, d'Escouloubre, d'Alzau de Voisins, de Gléon, de Bermond, de Belissens, de Lévy, de Martrin, de Durfort, de Montcalm, de Roquelaure, de Grave, d'Astorg, de Montesquieu et autres mentionnées plus haut, fort connues toutes de nos généalogistes, et dont, à différentes époques, plusieurs membres ont rendu des services à l'État dans l'armée, la magistrature, le haut clergé et la diplomatie.

Nous terminerons en citant en sa faveur ces quelques lignes de M. de Laroque (1) : « C'est un abus de croire que la noblesse et les
« titres sont éteints par des dérogances ou oublis des pères, des
« fils et de quelque autre au-dessus ; les *droits du sang ne pres-*
« *crivent jamais;* ceux qui descendent d'une ancienne race n'usur-
« pent pas, en reprenant les titres et les marques de leurs an-
« cêtres. »

FIN.

Je soussigné, ai vérifié cette notice très-exacte,

Signé CHARLES NICOLAS.

Je soussigné, ai aussi vérifié et reconnu l'exactitude de cette notice,

Signé V. LUCAS,
Archiviste-généalogiste, collaborateur de
M. Le Tellier d'Irville.

Paris, le 3 juin 1853.

(1) *Traité de la Noblesse* (origine des noms)', 1 vol., page 48. Bibliothèque impériale.

SCEAUX ET BLASONS DE LA FAMILLE DE NIORT :

1° *Sceau de Géraud de Niort*, anno 1240.

(*Voy.* Histoire de Languedoc, tome V, page 686, et planche 4, n° 53).

2° Armes de Gaston de Niort, seigneur dudit lieu, maintenu le 24 septembre 1670 : *fonds d'azur, trois chevrons or, trois étoiles argent.*

(*Voy.* Pièces fugitives, Jugements sur la Noblesse de Languedoc, tome III, page 99.)

3° Armes de François de Lasset, seigneur de Gaja, Marseillette et Escuillens, maintenu le 17 septembre 1668 : *fonds d'azur au lion, passant d'or.*

(*Voy.* Pièces justificatives, Jugements sur la Noblesse de Languedoc, tome III, page 83.)

4° Armes de noble André de Pech.

5° Armes de noble François de Boyer, conseiller au présidial de Toulouse.

6° Écusson de l'abbaye de Saint-Hilaire.

7° *Fac simile* de Constance et Blanche de Castille, reines de France, de Berenger IV et son fils, rois d'Aragon, d'Alphonse VIII, roi de Castille ; de Louis VII, Louis VIII, Louis IX et Henri IV, rois de France, tous alliés ou consanguins des anciens comtes de Niort.

Nous croyons devoir insérer la lettre ci-dessous adressée au dernier rejeton mâle de cette maison :

Paris, 14 *septembre* 1853.

Monsieur,

M'occupant de recherches sur l'ancienne noblesse du Languedoc, qui a joué un si grand rôle dans notre histoire, et surtout me rappelant le grand rôle qu'a joué Géraud de Niort dans nos guerres religieuses, j'ai lu avec le plus vif intérêt une NOTICE GÉNÉALOGIQUE SUR UNE ANCIENNE FAMILLE DU LANGUEDOC, publiée en 1853.

Cette notice m'a présenté d'autant plus d'intérêt que j'ai été à même d'en constater l'authenticité par les différents documents qui m'ont passé sous les yeux.

Les alliances que votre famille a contractées avec les maisons souveraines d'Aragon, de Castille et des comtes de Foix, dont l'une des femmes fut la plus brillante fleur de la cour du roi chevalier (1), m'ont fait espérer que vous pourriez peut-être trouver dans les archives de vos puissants ancêtres quelques documents qui pourraient m'être d'une grande utilité dans l'étude que je fais.

Pardonnez à mon indiscrétion, Monsieur, et ayez assez d'indulgence pour ne voir que le but que je me suis proposé.

Veuillez aussi agréer avec mes sentiments de gratitude, l'assurance de la haute considération avec laquelle j'ai l'honneur d'être

Votre serviteur,

A. DE LAIRE-VIVIER,

Avocat, docteur en droit, ancien attaché au collège héraldique, ancien élève de l'école Polytechnique.

(1) Françoise de Foix, qui épousa M. de Chateaubriant.

www.ingramcontent.com/pod-product-compliance
Lightning Source LLC
Chambersburg PA
CBHW060930050426
42453CB00010B/1944